Polardigte

Digte om Grønland og inuit-folket

Af samme forfatter:

Parisiske digte. BoD, 2020
Duas stening. BoD, 2020
Min mor blev ikke smuk. BoD, 2020

Reza Farmand

Polardigte

Digte om Grønland og inuit-folket

© 2020 Reza Farmand
Forlag: BoD – Books on Demand, Hellerup, Danmark
Tryk: BoD – Books on Demand, Norderstedt, Tyskland
ISBN: 978-87-4302-917-5

2.udgave

E-mail: rezafarmand@yahoo.com

Indhold

Afsnit 1: Inuitten

Afsnit 2: Sange
(Inspireret af gamle inuitsange og digte)

Afsnit 3: I Grønland

Afsnit: Diverse digte

Afsnit 1: Inuitten

Inuitten

Af sneen skabte inuitten kuldely
Af sælskind en slæde
Anvendte hunde som trækdyr
Og hen over de hvide ødemarker
Fløj han på glathedens vinger

2
Inuitten
Løste polarnaturens gåder
Opfattede klimaets lunefulde ord
Aflæste kuldens hvide sætninger

Fra sneen alene
Trak han hundrede ord*
Og i det tilfrosne hav
Memorerede han
Isens skrøbelige poesi

3
Inuitten
Overlistede de skarpthørende sæler
Med sin vedholdende venten
Aflæste de vandrende vildreners tanker
Og opsnappede
Hvalernes forunderlige pragt
I havets skrækindjagende bølger

4
Inuitten
Holdt øjnene åbne i snestorme
Overvandt forfrysninger og sultedød
Og åbnede havets mægtige jagtmarker
Med sin forunderlige kajak.

5
Inuitten
Dansede til snestormens rædselstakt
Belejret af isnende kulde,
Gjorde sin angst til sang

Inuitten
Overvandt sin nedtrykthed
Med spændingsfulde orgier*
Og således bøjede eskimo-folket
Den store polarnats ryg
Mod sommersolen

6
Inuitten
Fejrede sit liv som en kæmpe fest
Overalt i de arktiske egne
Og om aftenen
Sang og dansede han så meget
Til trommeslagenes takt
At polaregnen
Denne enorme isørken
Dette stilhedens land
Vænnede sig til
Menneskesang og stemme.

---

* Det siges, at der i det inuitiske sprog findes 100 forskellige ord for sne.
* Hentyder til "lampesluknings-sexleg". En slags fælles sexfest, hvor man slukkede lyset, dansede rundt om hinanden og stoppede brat. Derpå elskede man med den kvinde eller mand, som var tættest på en.

Den sidste afsked

I den enorme hvide isørken
I den nervepirrende hvirvlende snes vold
Siger den gamle afkræftede moder
- Hastighedens byrde -
For sidste gang
Med ord som er dybere end blod og skæbne:

"Min søn, mit liv
Jeg sagde du skulle
Bygge mig en iglo
Jeg er udmattet
Fra nu af
Må jeg rejse alene"*

Og denne gang
Kigger tavsheden over mod sneen
Og sønnens stærke hænder
Trækker snekniven frem.

* Inspireret af Peter Freuchens"Book of the Eskimos"

Den voldsomme snestorm

Snestormen med sin
Pludselige voldsomme blæst
Slænger hvirvlende, hvirvlende
Med ét slag
Den skindklædte store fanger
Hans slæde og hunde
Ud i det brusende isnende hav

Kajak-svimmelhed

Den angstfremkaldende vandstilhed
Den fortryllende snestilhed
Og dansen af de blændende islys
Trækker pludseligt
Den ensomme kajakmand
Ned i det isnende dyb

Udsigten

Oppe fra vinduet
Skimter mine øjne
To græshoppelignende sortheder
Langs fjordens mørkeblå vand
Og min kikkert
Ser to kajakmænd.

2
Det flydende isbjerg
-Denne hvide og skrækindjagende isfæstning-
Driver tungt og langsommeligt
Forbi den violblå fjords bred
Med en sovende rystelse i kroppen

3
Mine lunger leger
Lyksaligere end et barn
Med den rene arktiske luft

I mit sind bladres i hast
Permafrostens hemmelighedsfulde stilhed
Og dens budskaber løber over mine ord

Fjorden overalt
Glitrer som en vidunderlig diamant
Lige overfor mine berusede og undselige blikke

4
En kæde af snedækkede kampesten
Har omgærdet
Den tindrende blålige fjord
Helt ud til horisonten

Og den beroligende snestilhed
- Denne hvide symfoni -
Høres overalt i blikket

Polarvinteren

Polarnatten
Ligner et frossent hav
Og den sovende by
Et kæntret skib.

En hvid storm

Jeg vækkes af en række
Grufulde dundrende brag
Opdager at alle mine vinduer
Er blevet helt hvide.

"Mon sneen har begravet min lejlighed?"

Skrækslagen tænker jeg.
Og lige netop da
Hører jeg snestormens buldren
Uden for de lukkede vinduer

2

En hvid storm
Slår ustandseligt byen i ansigtet
Med sit gruvækkende raseri og tordenskrald
Som med tusinder af drivvåde jungler.

I den glatte og ufremkommelige vej
Blæste mine skridt uophørligt væk
Snurrede mig rundt
Som en papir-mølle
Og slyngede mig omkuld i vandpytten.

Stormens våde isbjørne
Dukker op overalt
Tætlukkede vinduer ryster
Og aflåste døre skælver.

Det er nordlige hvide dæmoner
Der slås i byens mørke luft
Og slynger hylende
Hinanden uventet mod tagene.

3
Snestormen
Hvirvler vildt inde i byen
Og dens rædselsfulde susen og brusen
Høres overalt.
Blæstens pisk
Svirper uventet alle steder

4
Med sit skrækindjagende kastevind
Indtog snestormen med ét slag
Vor lille by.
Dens hvide, våde og store flag
Blafrer nu overalt.

Polarmorgenen

I den hvide polarmorgen
I vandets dæmringslys
I himlens og hvalens dæmringslys
Sidder jeg som et barn
Med mit undselige blik
Og lytter til stilhedens frosne symfoni

Nordlysene

Ud af mig selv
-Lutter øjne-
Betragter jeg som et barn
Nordlysenes leg
På polarhimlen

En hvalstime

Høje lydfontæner!
Hastigt ilende mørkeblå øer!
Og spændingsfyldte og
Opmærksomme øjne og ører

En hvalstime
Gennemskærer pludseligt
Himlen og byen
Som en vidunderbølge

Isbjørnen

Isbjørnen
- Storfangeren, enspænderen -
Himlen og jordens grænseboer
Indsnuser knejsende
Sin krystallinske verden

2
Med sin ustandselige søgen
Med sin lynende galop og springen
Gør isbjørnen ishavet trangt
For sælen

Snefuglen

I den kolde og hvide egn
Er snefuglen ikke mærkbar,
Undtagen i sine pippende sange
Og hastige flugt

Afsnit 2: Sange

Digtenes tone og stemning og sommetider deres emne i
dette afsnit er inspireret af de gamle inuitsange.
Inuitsange, blev skabt af fangerne selv og var tæt
forbundet med deres hårde tilværelse og til trods for deres
enkelhed var sangene et stærkt psykisk redskab i
håndtering og overvindelse af de daglige livstruende
udfordringer i den barske arktiske natur. For at skrive dette
afsnit har jeg hentet inspiration fra denne bog:

Colombo, John Robert Ed. Poems of the Inuit. Obsorn
Press, Canada, 1981

Kajakmandens sang

O Barmhjertige hav!
Med dine iskolde arme
Tag ikke brydegreb på mig

Jeg er ikke kommet for at udfordre dig
Min unge kone og mit barn venter på mig
Slyng mig ikke frem og tilbage
Vælt mig ikke!
Jeg er udmattet
Jeg kan måske ikke få min kajak
Vendt om igen

O Arktiske blæst!
Lad ikke isvandets bjergbølger
Strømme mod mig
Jeg er ikke kommet for at udfordre dig
Min unge kone og mit barn venter på mig
Slyng mig ikke frem og tilbage
Vælt mig ikke!
Jeg kan måske ikke få min kajak
Vendt om igen

Den ensomme piges sang

O Du unge kajakmand!
Jeg er renere end den arktiske luft
Mildere og varmere end isbjørnens pels
Og mere tiltalende og prægtig end hvalen

Vend om fra havet
Og tag mig bort med dig!
Dit livs største fangst
Det er mig!

O! Du unge kajakmand
Jeg er en enestående spæklampepasser
En ihærdig skindtygger
En kompetent syerske
Og en suveræn slædefører

Vend om fra havet
Og tag mig bort med dig!
Dit livs største fangst
Det er mig!

Den ensomme kvindes sang

O! I frygtløse fangere!
I kajakførere der betvinger havet!
I isvandrere der bekæmper kulden
I denne store polarnat
Vil jeg gerne danse sanseløst
Hånd i hånd med hver og en af jer
Hen over det solide ishav

O! I umættede fangere
Kom herhen til mig
Og sving min varme, unge krop
Syngende rundt
Som en lampe
Mellem jeres kolde hænder

Det nyfødte pigebarn

Det nyfødte pigebarns gråd,
Mændenes pludselige tavshed og hvisken
Og den udmattede nybagte mors tavse rædsel

Mændene bærer i hast
En varm, blodig og klæbrig jamren
Ud gennem igloens trange gang
Og vender straks tomhændet tilbage
Fra snestormens rædselsfulde hvirvler
Til igloens knugede tavshed

Den afmægtige, nybagte mor
Trækker sin nu frugtløse krop
Ganske sagte hen mod
Igloens kolde væg.

Den sultne isbjørn

Den sultne isbjørn
Den kæmpe isbjørn
Så min korte skikkelse
Men ikke min lange, skarpe lanse.

Den sultne isbjørn
Den unge isbjørn
Hvor hastigt, hvor dristigt
Galopperede den hen mod
Sin blodige skæbne.

Overflodens sang

Rensdyrenes mægtige flokke
Har i dette kuldens rige
Forvandlet min udsigt til forår
Hvorfor skulle jeg ikke fryde mig
Over al denne overflod?

Mit store depotrum
Bugner af alle slags jagtbytte
Og min iglo
Er spækket med mine
Elskede gæsters sange

Fortæl mig
Hvorfor skulle jeg ikke fryde mig
Over al denne overflod?

Vildrenernes forårsvandring

Vildrenfangeren
Med sin skarpe lanse og sin lange lasso
Lister sig krybende
Gennem slud og søle ind
På den store rensdyrflok

Han ser sine børn for sig
Sovende på en varm madras af renskind
Og sin unge og stolte kone
Der smilende inviterer
Bopladsfællerne til spisefest.

Vildrensfangerens sang

Skønne vildren!
Langbenede vildren!
Kom hen til mig!
De friskeste græsser
Er ved mine fødder

Skønne vildren!
Rapfodede vildren!
Kom hen til mig
De mest friske græsser
Er ved mine fødder

Sangen om rejselængsel

Jeg er fortrolig med klimaets gang
I dette is-øde
Som en gammel sangs høje og lave toner
Og så godt som min håndflade
Kender jeg endda dens geografi
Jeg er ikke langt fra
At lære selv dyrenes sprog.

Jeg længes efter at se solen
På nye jagtmarker
Betragte nye ansigter
Og danse arm i arm ved solnedgangen
Med nye mennesker.

O min sjæl
Er fyldt med rejselængsel

Shaman

Jeg er shaman
Bopladsens store troldmand
Hvalens og havfuglens sjæle
Er mine åndehjælpere

Jeg bekæmper onde ånder
Jeg opdager brudte tabuer
Jeg har indsigt i amuletternes
Vidunderlige virkninger
Jeg kan rejse i åndernes
Uhyggelige rige
Jeg kan rejse til havmoderens hjem
Nede i dybet af de kolde vande
Jeg forstår vindguden Silas' sprog*
Jeg kan åbne de lukkede vande over ishavet
Og jeg kan lukke dem til igen.

Med mine magiske sange
Kan jeg ophæve hemmelige fortryllelser.

*Sila: Vindguden
Nogle inuitiske folkeslag i det nordlige Canada betragter Sila som
naturens skaber.

Påkaldelse

Havets medfølende moder!
Jagtdyrenes almægtige herskerinde!
Forbarm dig over os!
Ryk dig nådigt lidt!
Lad ikke din krop spærre dyrenes veje.

Havets medfølende moder!
Dyrenes almægtige herskerinde!
Forbarm dig over os!
Vores skåle er tomme!

Sangen om misfangst

I min tomme slæde
Bærer jeg endnu engang
En kæmpe skræk med mig hjem

Mildere end skygge
Helt stille
Hele natten igennem
Ventede jeg
Over
     Havisen
Ved sælens åndehul

Ak!
Min tryllesang svigtede
Og min lange venten bar ikke frugt.

I min tomme slæde
Ak! Ak!
Tager jeg endnu engang
En kæmpe skræk
Med mig hjem.

Sultens sang

Vores skåle er tomme
Og vores lampe er løbet tør for spæk
Mit døde barns ånd siger til mig:

Spis af mit kød, mor
For at se solen igen i morgen
Spis af mit kød!
Spis! Spis!
.

.

.

O! Ved min søns dyrebare grav
Hvad havde jeg gang i i nat?
Mon denne sol
Er en ny dags sol?

Det forældreløse barns sang*

Hvor er isbjørnen heldig!
Sikke lange, skarpe
Og hårde tænder den har!
Sikke kæmpe, kraftfulde poter den har!
Og sikke en pragtfuld tyk pels

Den frygter ikke det dybe isvand
Den knuser ishavets tykke lag
Under fangsten
Den er en uforlignelig storfanger
Og kan hamle op
Med alle slags modvind

I snestormen er den sit eget ly
Og om vinteren
Sover den i sin egen lune krop
Hvor er isbjørnen heldig!

* Knud Rasmussen beretter om en forældreløs dreng, der boede blandt
polarinuitterne: Drengen levede et usselt liv, var hjemløs, og om
natten søgte han ly og sov inde i iglo-tunnelerne hos tilfældige
inuitfamilier.

Den fortvivlede fangers sang

I det rædselsvækkende isvand
Ser jeg ikke andet end høje bølger
Og i mit sind
Finder jeg ikke andet end hvid skræk

Jeg er ikke en garvet fanger
Fangstens kunst mestrer jeg ikke endnu

O! skønne havfugle!
Lær mig en tryllesang
En prægtig sang der kan støtte mig
Gennem denne vinter

Ønskelig og vidunderlig som polarlyset
Har jeg en kone
Og rent som regndråben
Er mit nyfødte barn

Vores drømme har selvsamme farve
Skønne havfugle!
Lær mig en jagtsang
En prægtig sang der kan støtte mig
Gennem denne vinter

Den gamle fangers sang

Mine hænder og fødder
Har mistet deres førlighed
Og min hukommelse
Tømmes langsomt
For jagtens spændinger.

Livet bliver
Tungere og tungere
O! Du lette død!*

* Livet er tungere end døden. (Grønlandsk ordsprog)

Den døde fangers sang

I denne stengrav
Tænker jeg stadig
På mit livs fangstløse dage

På den lille skræk om sommeren
Og den store skræk om vinteren

I denne stengrav
Tænker jeg stadig
På mit livs fangstløse dage.

Afsnit 3: I Grønland

Sneens tid

I Grønland
Er det snestorm i tiden
Og hver en stund
Er kold og glat

I polarlandet
Hagler sneens tid
Lige pludseligt
Ned over livet
Og fremtiden fryser til.

I Grønland

I Grønland
Lærte jeg naturen at kende
Og et folkeslag så rent som vand
Og så indviklet som tavsheden
Et folkeslag
Som havde søgt ly i deres sange
Og som lunede de sig i hinandens stemmer

2
I Grønland
Traf jeg kvinder
Hvis liv var gennemblødt af alkohol

3
I Grønland
Gik jeg fra det ene værtshus til det andet
Og kom i snak med
Snalrede mænd og kvinder
Der pludseligt
Styrtede ned på mine skuldre
Fra deres gloser

Takuus*

Herinde
Er det som om
Alle er født med en ølflaske i hånden

Herinde
Er ordene berusede
Skridtene berusede
Og luften
Er fyldt med knækkede sange.

* Takuus: Værtshus i Nuuk, som er populært hos etniske grønlændere

Den unge inuit

Den unge inuit,
Fangeren der har betvunget havet
Fangeren der har gennemlevet hvalens pragt
Og utallige gange helt alene
Har ledsaget polarsolen
Over den mægtige fjord
Ud mod skumringen
Beder på sit gebrokne dansk om
En øl hos den blonde bartender
Derefter passerer han stille
Gennem støjen fra de berusede
Og sætter sig i en krog.

Stilhedens hul

Den drømmefyldte mand
Sidder sammenkrøbet
I tavshedens dybe hul
Omringet af ølflasker
Og i sin fantasi
Går han trin for trin opad
For hver tår han indtager

Beruselsens rude

Den unge kvinde
Åbnede hver en flaske som et vindue
Og slog sig konstant
Mod beruselsens rude
Som en sommerfugl

Kvindedukke

Den døddrukne kvinde
Går mekanisk frem
Med vissent ansigt,
Stirrende på intet
Som en kvindedukke
Hun går forsigtigt
For at ikke løbe over.

Jeg er da også kvinde

I det hukommelsesløse værtshus
Råber en beruset gammel kone
Uventet højt:

"Jeg er da også kvinde!"
"Jeg er da også kvinde!"

Så går hun rasende
Omkring mændenes ligegyldige blikke
Og kaster nogle uklare fraser hen
Mod deres latter.

Kanonfuld

En påtrængende fulderik
Der gang på gang
Falder
  Ned
Fra sine uklare formuleringer
Og hvis øjne ligner
To våde, maste spørgsmål
Jages bort fra flasker og latter
Som en hestebremse

Den højgravide purunge pige

Den højgravide purunge pige
Med en tom flaske i hånden
Og en udrøget cigaret i mundvigen
Strejfer beruset og sørgmodigt omkring
I det hukommelsesløse værtshus
Som et spørgsmålstegn

Den alkoholforvitrede kvinde

Midt i sværmen af dansende par
Planter den alkoholforvitrede kvinde
Sine skælvende fødder
På musikkens takter
Som skulle hun knuse
Et flygtende insekt
Og med udbredte arme
Og lukkede øjne
Danser hun med sin fantomkæreste

Byens psykotiske mand

Barens berusede øjne er rettet mod
Den lille funklende dansescene:

En ung pige danser
Med byens kærlige, psykotiske
Og evigt ensomme mand

Manden
Med sin kikkert om halsen
Og med udspilede øjne
Midt i vrimlen af dansende
Uopmærksom på dansemusikken
Og sin dansepartner
Drejer rundt om sig selv
Og hastigt
Sætter og rejser sig
Sætter og rejser sig
Og pigen med sine yndefulde bevægelser
Og sit forlegne smil søger forgæves
Blikket hos den sindsforvirrede mand

Qivittoq*

"Jeg vil være qivittoq
Jeg vandrer ud på isfjelde"
Siger hun

"Husk at tage et telt med,
Masser af mad,
Og en mobiltelefon" Siger jeg

Hun ler!

Pipaluk
Er optaget af dødens fred
Hun kunne lægge
Sit livs besværlige byrde fra sig
Når som helst

"Jeg vil være qivittoq
Jeg vil vandre ud på isfjelde"
Siger hun:

"Giv mig alt hvad du har
Inden du tager af sted!" Siger jeg

Hun ler!

*Qivittoq (fjeldgænger)
I den inuitiske kultur er qiviitoq en person, der forlader inuitsamfundet
og begiver sig ud i de øde fjelde med det formål aldrig at komme

tilbage. Årsagerne til denne dramatiske handling kan være mange: Ulykkelig kærlighed, ærekrænkelse, manglende evne til at forsørge sig osv.

Eftersom det næsten er umuligt at overleve alene i de arktiske egne, betragtes denne handling som selvmordsforsøg. Dette mærkværdige fænomen var meget udbredt i gamle dage, hvor befolkningen boede i små, afsides bopladser; men med tiden og udbredelsen af bykulturen er det nu færre og færre, der vælger denne tragiske skæbne.

Begrebet qivittoq er omgivet af myter. Man tillægger qivittoqqer overnaturlige evner. Årsagen til denne antagelse er at man måtte besidde ekstraordinære kræfter, hvis man alene skulle overleve i den barske arktiske natur!

Det siges, at qivitoqqer kunne overleve ved at finde sammen, stjæle mad, og bosætte sig i klippehuler.

Den nybagte unge mor

I den frosne polarnat
Har den nybagte unge mor
Tæt omfavnet ølflasken.
Hendes krop der ligner
Et lille sky-stykke af spørgsmål
Svinder slingrende,
Slingrende af syne
I den øde nat.

Det mislykkede selvmord

Den unge pige
Fatter medlidenhed
Med sin hjerteveninde:

"Staklen blev reddet!"

Alkoholens sugende dyb

Jeg gav
      Slip
På hendes bløde og unge hænder
I alkoholens mørke og sugende dyb
Så kravlede jeg op ad mine udmattede ord
Og satte jeg mig
                  Ned
Omsluttet af en sortgrå tavshed
Lige over for ingenting.

Den grønlandske sanger

Den grønlandske sanger
Synger med så dyb en sjælekval
Som havde han lige pludselig
Fået sin stemme tilbage
Efter tusinder af år

Den grønlandske sanger
Besynger sine forfædres skæbne
I den prægtige polaregn
Han besynger et hemmelighedsfuldt folkefærd
Der førte livet med sig
Til de yderste egne af verden
Og udkæmpede døden hver eneste stund
I dens koldeste og stærkeste befæstninger

Den grønlandske sanger
Synger om hvirvelstormens rige
De krystalliske isfjelde
De lydløse isfald
Og de frosne tider

Den grønlandske sanger
Synger om de uendelige isørkener
De vidunderlige polarlys
Den glaciale luft
Han synger om de kvinder
Der ved aftenskumringen stod i isvinden
Og i fortvivlelse sendte deres afventende blikke
Ud over klodens koldeste vande
I længsel efter deres højtelskedes tilbagekomst

*

Den grønlandske sanger
Med sin kvalfulde stemme
På tidens tinde
Synger om det umulige

Afsnit 4: Diverse digte

Den åbne grav*

For foden af et mægtigt gråt klippebjerg.
Et sammenfaldet stengærde.
Et kors af træ.
Et forvitret navn med en ulæselig dato.
Og et afbleget skelet der suger
Himlen og jordens stilhed til sig

*Grønland er et klippeland. Nogle inuitter begravede derfor deres
afdøde i åbne grave.

Den lille farveskønne fugl

I suset af den kolde nordlige blæst
Går jeg ned
Ad havnens gamle stentrapper
Til det skrækindjagende sortblå vand.
Jeg vil gerne lære noget
Af den farveskønne livfulde fugl
Der ustandseligt fouragerer
I det oprørte vand

En blandingspige

Jeg dæmper en glædesrus i sjælen
Mine øjne og mit hjerte er ekstatiske
Mine drømme løber over
Og mine ord kravler hastigt
Op på hinandens skuldre:
En skøn blandingspige
Med sine blændende øjne
Står lige over for mig
Som et mysterium

Najas dans

Grønlands hvirvlende folkedans
Forekommer så drømmeagtig,
Så fredsommelig
Når Naja danser.

Den forelskede pige

I den snehvirvlende nat
I den tilfrosne nat
I den blinde og farefulde nat
Går den unge pige som en ild
Ad kærlighedens lange, lange vej
Mod sin elskede.

Den ordknappe polarbrud

Den ordknappe polarbrud
Sidder overfor mig
Roligere og føjeligere end skæbne
Og omslutter sagte, sagte
Hele min forestillingsverden
Som den reneste luft.

Med mine forsigtige ord
Ligner jeg en plet
På lyset af hendes dybe og vågne tavshed.

Vielsesringen

Hendes sorg
Har gennemtrængt mit hjem
Kvinden hvis unge hænder
Skælvede af fortvivlelsens blæst
Kvinden der ikke havde lært
At stille spørgsmål
At sige imod
Kvinden der ikke evnede
At smide sin vielsesring ud
Fra sin mands vold

Hendes blik havde ret

Beruselsen fortæller mig denne nat
Med fugtige ord:
Hendes blik havde ret
Hendes tavshed havde ret
Og alle de ord hun ikke mælede
Havde ret.

Spørgsmålets insekter

Mine vinduer:
Tre store mørke billeder
Natten blinker ikke

Tynget af insekterne fra tusinder af spørgsmål
Rejser jeg mig stille, stille
Fra min søvnløshed op
Hælder mine drømme ud
På et hvidt papirark
Så tænder jeg et digt
Med dødens gnist op

Al søvns moder

Klokken er stilhed
Klokken er byens søde søvn

Med mine ord som fryser til
Sidder jeg
          Knuget
I min søvnløshed
Og tænker på al søvns moder

Klokken er stilhed
Klokken er byens søde søvn

Jeg trænger til at sove

Jeg tænker på polaregnens frosne tider
På fjordens talløse dybe og kolde munde
På hvalernes og hajernes sultne maver
Jeg trænger til at sove

Jeg tænker på jordens ordløse væsen
På vandets, stenens, plantens væsen
Og solens angstløse stråler
Jeg trænger til at sove

Polardigte
Oversat og gendigtet
fra persisk af forfatteren
efter ”شعرهای قطبی”

Noter:

Digtsamlingen"Polardigte" udkom på persisk i 2002
(Nima Verlag, Tyskland). I modsætning til den danske
udgave indeholder den persiske, en omfattende indledning
om Grønlands geografi og historie, inuitternes levevis,
jagtkultur, religion og verdensanskuelse samt Grønlands
forhold til Danmark og Knud Rasmussen. Men i
forbindelse med en dansk udgivelse af digtene synes det
overflødigt.

Bogen er inspireret af et års ophold i Grønland i skoleåret
1996/97, hvor jeg arbejdede som engelsklærer på
Midtgrønlands Gymnasiale Skole i Nuuk. En del af
digtene er skrevet i årene efter tilbagekomsten til
Danmark. Der skulle nemlig gå nogle år før jeg havde
fordøjet, bearbejdet og formået at gengive oplevelserne.

Reza Farmand

Reza Farmand (f. 1956, Iran), den iransk-danske digter og
kritiker har læst samfundsfag i Indien og engelsk på
Københavns Universitet. Farmand har udgivet en lang
række digtsamlinger på tryk eller online på persisk og
dansk, blandt andet om Grønland og Paris. Følgende
digtsamlinger foreligger på dansk: "Parisiske digte",
"Polardigte", "Duas stening" og "Min mor blev ikke
smuk".
Et gennemgående tema i Farmands forfatterskab er
feminisme, hvilket blandt andet kan ses i digtsamlingerne
"Duas stening" og "Min mor blev ikke smuk".
Sidstnævnte findes også som videodigt, og er oversat til
adskillige sprog